천전리 암각화

천전리 암각화

2022년 2월 5일 제 1판 인쇄 발행

지 은 이 | 박주곤
펴 낸 이 | 박종래
펴 낸 곳 | 도서출판 명성서림

등록번호 | 301-2014-013
주   소 | 04552 서울시 중구 삼일대로8길 17 3~4층(충무로 2가)
대표전화 | 02)2277-2800
팩   스 | 02)2277-8945
이 메 일 | ms8944@chol.com

값 10,000원
ISBN 979-11-92075-38-9

※ 잘못 만들어진 책은 바꿔드립니다.
   이 책 내용의 일부 또는 전부를 재사용하려면
   반드시 저작권자의 동의를 얻어야 합니다.

박주곤 제2시집

천전리 암각화

도서출판 명성서림

| 시집을 내면서 |

아내에게 바치는 노래

　두 번째 시집 『천전리 암각화』를 묶었다. 어쭙잖은 시집을 세상에 내놓으려니 부끄럽다. 아직도 견고한 관념의 벽을 깨뜨리지 못하고 주관적인 관념 속을 방황하는 글을 시라고 써오고 있다.

　틈틈이 끄적거린 미완성의 시 73편을 엮어서 첫 시집을 펴낸 이후 오랜 공백을 메꾸려고 과욕을 부렸다.

　작년 십여 년을 병마와 싸우다가 끝내 다시 회생하지 못하고 하늘나라로 간 아내에게 바치는 시편들이다.

코로나로 사람과 사람 사이의 소통이 원활하지 못한 상황에서 그동안 가깝게 지내 온 사람들에게 시집으로 나의 안부를 대신하고자 한다. 이 시집이 다소나마 위안의 선물이 되었으면 한다.

그동안 지켜봐 주신 많은 분들께 감사 말씀 드린다.

2022. 1. 20.
박주곤 올림

차례

004 시집을 내면서
　　　아내에게 바치는 노래/박주곤

1부 · 쇠똥구리 떼

012 갈참나무 숲길
013 감꽃
014 겨울 개미
015 계양산 둘레길
016 고향 소나무 아래
017 까치 소리
018 나팔꽃
019 낙엽을 쓸어 담으며
020 너는 누구냐?
021 목련꽃
022 부동산 텔레마케팅
024 물총새
025 버찌
026 봄 오는 계양산
027 봉화산
028 아내의 거울
030 쇠똥구리 떼
032 식품 광고

2부 · 어머니의 강

034 삼일절 아침
036 쑥부쟁이
037 타조 같은 아내
038 가시연꽃
039 강릉 소나무 숲
040 봄가을 초대장
041 화롯불
042 산비둘기
043 살구꽃 필 때
044 선인장꽃
045 한가위 고향 생각
046 심혈관 조영 시술
048 황소고집
050 아버지께
052 어머니의 강
054 휴대폰
055 콧줄 식사
056 한강 여명

차례

3부 · 아버지의 바다

058　고춧가루
059　철쭉꽃
060　나방파리
062　대리석 바다
063　동대문 야시장
064　멧돼지
065　방화대교
066　동지팥죽
068　바람의 파이터
070　붓의 힘 -인천서예술연구전
071　은행잎 떨어지는 날
072　소돔과 고모라
074　아버지의 바다
076　울진 바닷가 소나무
078　연꽃봉오리 빵
080　요양원
081　통학 길
082　차마고도

4부 · 천전리 암각화

084 반구대 암각화
085 영남 알프스
086 어머니의 가르침
087 여름 피서법
088 예순다섯 생일에
089 강동 화암 주상절리
090 매미 소리
092 유월의 장미
093 을왕리 해변
094 방어회
095 제로 게임
096 지구의 두 얼굴
097 천전리 암각화
098 태화강변 갈대숲
099 호스피스 병동
100 청계천에 부는 바람
102 태화강 왕대나무숲
104 송이네 수라상
106 강화 들녘

108 시해설·가슴에 새긴 암각화

1부

쇠똥구리 떼

갈참나무 숲길
감꽃
겨울 개미
계양산 둘레길
고향 소나무 아래
까치 소리
나팔꽃
낙엽을 쓸어 담으며
너는 누구냐?
목련꽃
부동산 텔레마케팅
물총새
버찌
봄 오는 계양산
봉화산
아내의 거울
쇠똥구리 떼
식품 광고

갈참나무 숲길

신축년 유월 오후
계양산 둘레길
양탄자를 깔아놓았다.

푹신푹신
실내 같았다.

산길은
그대로 두어야
흙도 밟고
풀도 밟을 수 있을 텐데

걷기 좋게 꾸며놓은
갈참나무 둘레길
참길 아닌 둘러리 길이 되었다.

감꽃

봄이 짙어가면
고향 집 뒤뜰
감나무에 감꽃이 피었다.

어린 시절
떨어진 감꽃을 주워
간식으로 먹었다.

실에 꿰어
팔찌, 목걸이
장식품을 만들었다.

해마다 봄이 되면
고향 집 뒤뜰
감꽃이 피었지만
아무도 줍는 사람이 없었다.

겨울 개미

신축년 12월
덕수궁 돌담 밑

수레도 없이
개미 떼들이 줄지어
죽은 고추잠자리를
끌고 가고 있었다.

바람에 떠밀려가면
다시 달려들어
고추잠자리를 끌었다.

오직 맨몸으로
추운데도 힘겹게
가을이 남긴 흔적을 지우고 있었다.

계양산 둘레길

신축년 칠월
계양산 둘레길 걸었다.

오르다가 숨가파
오르막길 끝자락
빈 의자에 걸터앉았다.

나비 한 마리
내 옆 의자에 따라 앉았다.

손을 휘저어 봐도
꼼짝도 하지 않았다.

나비는
꽃을 못 찾고
빈 의자에서 쉬고 있었다.

고향 소나무 아래

신축년 정월
김해 고향집 각성산에 올랐다.

솔바람
솔솔 분다.

소나무 뿌리 밑에
누운 동생

벌써 삼 년
유언대로
잠들었다.

고향 소나무 아래에는
어린 시절
개구쟁이 동생
솔바람이 숨바꼭질한다.

까치 소리

잘 익은 감
먼저 맛보고
깍깍깍

까치가 우는 날이면
감나무 밑으로 달려가
깨진 홍시 맛보곤 했다.

잘 익은 홍시
척척 잘 골라내는 까치

오랜만에 고향을 찾아간
작년 가을
빈 고향 집
감나무에서 까치가 울었다

붉은 감이 주렁주렁 매달린
감나무 밑으로 달려갔다.

나팔꽃

오월 아침
아파트 화단
나팔꽃이 활짝 피었다.

육군 사병 시절
기상나팔 소리

졸음 털며
뛰어나갔던 연병장

확성기 음악
아침 체조

줄 맞추어
연병장 돌며
우렁찬 군가 불렀다.

아파트 화단
나팔꽃 활짝
그때 군가 소리 아릿아릿 들려왔다.

낙엽을 쓸어 담으며

몇 해 전
계양구청
계약 근로 근무한 때가 있었다.

가로수
가지 치는 일

전기톱으로 가지를
쳐냈다.

낙엽 쓸어 담아
비닐봉지에 담았다.

집안 홀로
이런 생각 저런 생각
모두 쓸어 담았다.

쉬는 시간
나무 그늘에 앉으니
온몸을 흠뻑 적신
땀방울이 끈적끈적 시원했다.

너는 누구냐?

작전역 전동차
스크린에 낯선 사내가 보였다.
너는 누구냐?
날마다 똑같은 시간에
마주쳤다.

자녀의 공부는 저에게 맡겨주세요
학원 강사 얼굴
어디 아프신 데 없나요?
병원 의사 얼굴
술 생각이 나신가요?
제가 노래 불러들릴 게요.

스크린 창에
시 한 줄
소복 입고 울고 있었다.

목련꽃

봄
코로나가 번졌다.

목련꽃
입을 가렸다.

입춘 불길
빈 가지 휘젓고 있었다.

부동산 텔레마케팅

퇴직 후 신용불량 시절
땅덩이 쪼개서 파는
부동산 텔레마케터로 일했다.

월급 백만 원, 날마다
일만 원씩 점심값을 받았다.
땅을 팔면
매출의 일할 현금을
계약금 입금 즉시 보너스도 받았다.

사장, 부장 조직으로
한 부서 십여 명 정도 전화 요원
온갖 정보를 활용
미리 정한 똑같은 말을 되풀이했다.

부동산 졸부 많던 시절
한탕 벌기 위해 땅을 사겠다고
달려드는 투기꾼들에게
큰 땅을 쪼개놓은
백여 평 한 필지

새장 속 구관조가 되어
정해진 멘트로 전화를 걸었다.

아는 사람들에게 전화를 걸어
부동산 투기를 권했었다.

대부분 땅을 산 사람들은 손해를 보았다.
쌓아놓은 인맥이 모두 쪼개져
가슴에 응어리로 남았다.

물총새

낙동강 강변 언덕
오월 물총새가
둥지 틀었다.

어미 물총새
물고기 물고
둥지 들락날락

강변 벼랑마다
비린내 숨겼다.

장맛비 오는 날이면
비린내가
강마을을 휩쓸었다.

버찌

마을 공원 벚꽃 길
엊그제 꽃눈 휘날리더니

그 자리
초록 열매 숨바꼭질
오색 등불
빨강, 노랑 신호등 깜박깜박
흑진주 울렁울렁

터질 듯 말 듯
알알이 잘 익은

어린 시절
입술이 새까맣도록
서로 마주보며 함박웃음
오물거렸던 그 자리
제 무게 견디지 못하고
뚝뚝 떨어져
지나가는 사람들의 발에 짓밟혀
새까맣게 뭉개졌다.

봄 오는 계양산

이른 삼월 계양산
산마루턱 군데군데
녹지 않은 눈이 쌓여있었다.

소나무들 사이
매화꽃들이
수줍은 듯 피었다.

갑자기 카톡, 카톡
여는 창마다
입춘 인사

나뭇가지마다 새싹들이
꽃샘바람에
움찔거리고 있었다.

봉화산

이월
중화역 근처 사는
친구랑 봉화산에 올랐다.

청설모 다람쥐가 먼저
마중 나와 인사했다.

산바람 맞으며
오름길 서둘러
산봉우리에 올랐다.

땀방울 송골송골
식혀주는 바람이 차가웠다.

옛날 봉수대 자리에서
우정의 봉홧불을 피웠다.

아내의 거울

11월, 꿈의 요양병원
아내가 떠났다.

백세 시대
칠순 고개 겨우 넘자마자
내 가슴에 거울 하나 남겨두고 혼자 떠났다.

참살이 거울에 비춘
아내는
가족의 나침반이었다.

몸은 한갓
영의 그림자
깨달음으로 다가온 날

알곡이 껍질을 벗듯
육신은 벗어버리고
바람처럼 떠났다.

누가 뭐래도 당신은
가슴으로 곱게 그린 삶이
무명 화가 발걸음이었다.

계절에 그 많은 꽃 중에
홀로 피고 또 피워
지지 않는 무궁화꽃이었다.

여태까지 아이같이 철없는 남편 받들며,
자녀들의 어머니로
거친 바다를 항해했었다.

쓸쓸할 때
내 가슴 속 당신의 거울을 꺼내보면,
그때마다
행복한 순간들이 파노라마처럼 스쳐 갔다.

쇠똥구리 떼

신축년 열우물 역 부근
아파트 공사장에서 쇠똥구리 떼를 보았다.

십정동 도축장
쇠망치 맞고 쓰러지며
싸놓은 쇠똥
열우물 역 부근 쇠똥하치장

쇠똥구리들이
쇠똥에 달라붙어
경단을 구르고 있었다.

인천 2호선 위에 자벌레가 꿈틀꿈틀
쇠똥구리 경단의 크기를
잣대로 재고 있었다.

쇠똥경단을 몇 개나 쌓았는지
산도, 하늘도 가렸다.

쇠똥 울타리
병풍 치고 있었다.

쇠똥을 다 굴리고 나면
쇠똥 속에서 애벌레 꿈틀꿈틀
변태를 거듭할 것이다.

식품 광고

텔레비전을 켜면
프로그램 사이사이
식품 광고

웰빙 식품 여기 있어요
이 맛 끝내줘요

냉장기 문에 붙은
스티커 광고를 보고
전화를 건다.

오늘은
집안에서 외식이다.

2부

어머니의 강

삼일절 아침
쑥부쟁이
타조 같은 아내
가시연꽃
강릉 소나무 숲
봄가을 초대장
화롯불
산비둘기
살구꽃 필 때
선인장꽃
한가위 고향 생각
심혈관 조영 시술
황소고집
아버지께
어머니의 강
휴대폰
콧줄 식사
한강 여명

삼일절 아침

삼일절 아침
장기동 황어장터 가는 길
횡단보도를 건넌다.

"대한독립 만세······."
경기권 첫 불씨가 타오르던 곳
가슴 터질 듯, 만세 소리가

일제 광풍이 휩쓸어 간
선열들 애국 함성
피의 고초를
어떻게 버티셨나요?

오늘 가벼운 발걸음
부끄럼 없기를 곱씹어 다짐하는 날

가슴팍에 감추었던
태극기 펄럭이며
대한독립 만세··· 목이 터져라

어제는 방방곡곡
태극기 물결
오늘의 물결로 일렁인다.

쑥부쟁이

신축년
추석 아침 산책길

인천 검단
도시 개발 지구
주거용 블록

아직 빈 집터에는
흩어진 쓰레기더미
쑥부쟁이 군락

안개꽃다발
한들한들

코로나 시대
큐알 코드 찍고 있었다.

타조 같은 아내

신축년 삼월
가정동 하나 2차아파트

뇌혈관 실핏줄이
막힌 병마와 싸움 12년차

내 아내는
타조다
날개를 잃어버리고
날 수 없어 허둥댄다.

두 귀 뒤쪽 향해
뒷담화
곤두세운다.

쫓기는 사람처럼
노을 무렵이면
김제 평야 지평선
멍하니 바라본다.

가시연꽃

진흙탕 속
뿌리 뻗고
줄기마다 가시 날 세웠다.

가시방석 앉아
수행 중
큰 깨달음
꽃등으로 피워올렸다.

함부로 다가와
만지지 마라
멀리 바라보고
온전히 깨우쳐라.

강릉 소나무 숲

신축년 시월,
강릉 해변
솔숲이 우거졌다.

파도 소리
갈매기 울음소리
솔솔솔

솔바람 불때마다
인자한 어머니
발걸음 소리 들려온다.
.
신사임당
허난설헌이 풀어놓는
한 폭의 동양화 한 폭
이야기 한 보따리

봄가을 초대장

봄 새싹 돋듯
가을 나뭇잎 떨어지듯
날아든 청첩장
행사 초대장

어깨를 짓누르는
납세 고지서
독촉장은 아니지만,
노란 불빛 반짝반짝

가정일 제쳐두고
주말 나들이

주고받고
오고 가는
품앗이이건만
줄 생각은 없고 받기만 하려는 외길 부름
염치 속셈을 저울질 한다.

화롯불

어릴 적 겨울밤
할머니께서는
등잔불을 켜고

방안에 화롯불
지피시곤 했다.

화롯불에 손바닥을 펴고
얼어붙은 손을 녹였다

가끔 가까이 다가가 입으로 불면
불티와 재가 흩날렸다.

할아버지께서는
곰방대를
화롯불에 대고
뻐금뻐금
담뱃불을 붙이시곤 하셨다.

산비둘기

산 비둘기는
솔숲에 앉아
구구구
구구셈을 했다.

구구 팔십일
팔 더하기 일은 구
곱셈, 덧셈

솔바람 소리에다
구구단 외우는 소리까지

가까이 다가가면
푸드덕
날갯짓 소리까지 보탰다.

살구꽃 필 때

중학교 때
콧병 앓은 적이 있었다.

여덟 형제 여섯째
아버지는 나를 데리고
구포까지 삼십 리
한약방을 찾아갔다.

한의사는
살구씨기름을 코에 바르라고 했다.

살구꽃 필 때면
아버지와 함께
한약방 가서
살구씨기름을 발랐던
생각이 난다.

선인장꽃

신축년, 7월
선인장 화분을 사왔다.

가시투성이
선인장에
빨간 꽃이 피었다.

사막에서도
가시로 목마름을 견뎌내면서
꽃 피우고
향기까지 내뿜다가

아내의 빈 자리를 차지하고
빨간 꽃을 피웠다.

한가위 고향 생각

2021 추석
귀성길을
코로나가 막았다.

형제들과 강변 산책했던
추석 생각
밤 공원 산책에 나섰다.

보름달
두둥실 떠오르는 부모·형제 얼굴

마스크 속에 갇혀 버린
옛 고향
가을밤 강바람

깔깔대며 송편 빚던
추석 전날 밤
귀뚜라미 울음소리가
배경음악을 깔아주었다.

심혈관 조영 시술

칠십 해 넘도록 쉬지 않고
내 심장은 펌프질했다.
몸 곳곳 피돌기 멈추지 않았다.

몸에 이상 징후가 있어
신축년 칠월
동네 병원을 찾았다.

의사는 심혈관 질환 고개 갸우뚱
큰 병원으로 가보라고 했다.

서울에 있는 대학병원
관상동맥 핏줄 한 가닥 좁아진
진단이 나왔다.

곧바로
심혈관 조영 시술 스텐드 삽입
좁아진 핏줄을 보수했다.

옛날 같으면
이미 저 세상 사람 될 뻔
의학의 발달로
덤으로 연장된 삶

하루를 천년 같이
값지게 살자.
밤잠 설쳐가며
시 한 편 끄적린다.

황소고집

고향 김해 어린 시절
낙동강 월당 나루 건너 양산 들녘
나룻배로 오가는 내 고향마을

농번기엔 황소가 주인공
매어놓은 줄을 자주 끊어버리곤 했다.

그때마다 아버지께서는
오일장에 가서 더 튼튼한
밧줄를 사다 고삐를 맸다.

황소는
매듭 가까이 다가가
두 뿔에 줄을 감아
힘껏 잡아당겨
줄을 끊어버렸다.

순식간에
쇠줄이 끊겼고
황소는 줄행랑을 쳤다.

붙들어 새 걸로
코뚜레에 꿰어
길들이기엔 이미 때를 놓쳤다.

궁리 끝에 물금 장날
황소를 팔고
암소 한 마리 사들였다

황소 저만의 힘자랑
잔꾀는 마침내
쫓겨나고 말았다

그 뒤부터 줄곧
황소고집 누렁이가
살아가는 길잡이가 되어 주었다.

아버지께

중학교 삼학년 때
아버지께서 하늘나라에 가셨다.

9남매 보살피시다
일찍 떠나신 아버지
불효자가
눈물을 흘립니다.

어머니께도 불효를 했습니다.
어머니의 치매를 지켜드리지 못해
아버지께 더욱 면목이 없습니다.

어머니께서는
치매로 사시다가
그렇게 보내야했습니다.
'실종 신고' 네 글자 남긴 채
변명 못 할 팔형제 아픔입니다.

어느 날 문득 하늘 보며
낮달 둥근 날에는
어머니 얼굴 보는 듯
안부를 전해봅니다.

어머니의 강

맏딸 하나, 팔 형제
구 남매 보살피신 어머니
아버지 먼저 보내드리고
안개 낀
치매 강을 건너가셨다.

어머님 떠올리는
유행가 가락 흘러나올 때
어머니 생각에 눈물 흘렸다.

집을 나가
돌아오시지 못한 채
홀로 길 떠나시던 날까지

강마을에서 농사일
개미처럼
평생을 일 하시다
집을 나가 돌아오시지 못하시고
혼자 갈 길 떠나셨다

대가족 집안일
농사일까지
억척스럽게 일하셨다.

낙동강이 나룻배를
기억하듯이
어머니의 강도
가족들을 나룻배에 태우시고
말없이 굽이쳐 흘러갔다.

눈물 젖은 치맛자락
펄럭거리며
어머니는 강물처럼 흘러가셨다.

휴대폰

휴대전화기
깜박 잊어버리고
집에 놓고 왔다.

가까운 사람들과
소통이 끊겼다.

어린 시절
휴대폰이 없어도
살았는데
요즈음에는 없으면
섬이 된다.

지금쯤
방안에는
카톡 새가
수십 마리는 날아들었을 거다.

세상 밖으로
내가 밀려났다.

콧줄 식사

식사 대용 균형 영양식
캔 식음료가 비닐 호스 타고
한 방울씩 식도로 간다.

아내는 침상 환자
말을 잃어가니 소리도 없다.
가끔은 앓는 소리만

밤낮으로 누운 채
돌봄이 손길
처분만 기다릴 뿐이다.

식음료 방울 따라
아내의 노을빛
기약 없이 저물고 있다.

감사와 기쁨으로
콧줄 하나
바라보는 식사 시간이다.

한강 여명

겨울, 한강
남단 88도로 새벽을 달려갔다.
수직선 끝없이 내려선
한강 불빛 따라
스산한 바람이
어둠을 걷어내고 있었다.

등불 기둥 물비늘로 길게 다가와
손 흔들어 주는
어머니의 새벽, 정적처럼
해돋이를 향해 질주한다.

오늘 하루가 열리는 한강
소리 없는 무대
장막이 열리고 있었다.

3부

아버지의 바다

고춧가루
철쭉꽃
나방파리
대리석 바닥
동대문 야시장
멧돼지
방화대교
동지팥죽
바람의 파이터
붓의 힘 – 인천서예술연구전
은행잎 떨어지는 날
소돔과 고모라
아버지의 바다
울진 바닷가 소나무
연꽃봉오리 빵
요양원
통학 길
차마고도

고춧가루

점심으로
순두부 백반을 먹었다.
너무 매워 입 안이 불났다.

물 한 컵을 마셨는데도
매운맛이 가라앉지 않았다.

식당 주인에게 음식에 고춧가루
조금씩만 넣으라고 일러주었다.

식당 주인은
"손님의 입맛이 이상한 겁니다."
고개를 갸웃거렸다.

한동안 위장병으로
고춧가루 넣은 음식을
먹지 않았기 때문에
내 입맛이 변한 것이었다.

철쭉꽃

5월
아파트 화단
철쭉꽃이
활짝 피었다.

붉은 꽃봉오리
탄창마다
총알들 쏙쏙

공중 겨냥해서
쏘아 올릴 자세로
가지마다
총구를 들이대고 있었다.

나방파리

삼십 년이 넘은
산비탈 낡은 아파트로
이사 왔다.

공기는 맑았지만
대신 나방파리가
화장실에 나타났다.

너무 작아 눈에도 잘 띄지 않고
손에 잡히지도 않았다.
스텔스 전투기처럼
재빠르게 날아다녔다.

새벽잠 깨어 화장실 스위치 올리면
하얀 벽타일에 붙어있는
검은 점들

파리채로
나방파리를 내리쳤다.
지우고 싶은 지난 일들도
파리채로 내리쳐서
지울 수 있다면 얼마나 좋겠는가?

대리석 바닥

지하철역 바닥에는
사각형 대리석 타일이
깔려있다.

똑같은 모양과 크기로
이어진 타일을
날마다
많은 사람들이
밟고 지나간다.

편히 밟고 지나가라고
깔아놓은 대리석 타일
항상 매끄럽다.

청소부가 빗자루로
타일 위에 떨어진
쓰레기들을 쓸어 담고
물걸레질로 대리석 타일을
쓰다듬고 있었다.

동대문 야시장

겨울밤 동대문 야시장
딸의 옷 장사
돕기 위해 따라나섰다.

동대문 야시장 옷가게
밤이 아니었다.
상가마다 밝은 불빛으로
낮을 만들었다.

전국 곳곳에서
옷을 사려고 온 상인들이
북적댔다.

딸은 수시로
동대문 야시장을 찾곤 한다.
그때마다
밤잠 못 자고
잠을 거르곤 한다.

당당하게 사업가의 길을 택한 딸에게
응원의 박수를 보낸다.

멧돼지

2018년 인천 삼산동에
멧돼지 한 쌍이 나타난 적이 있었다.

허둥지둥 길거리를
날뛰다가 한 마리는
로드킬당했다.

로드킬당해 길바닥
피 흘리며 쓰러진 멧돼지 곁을
서성거리는 다른 한 마리
경찰의 마취 총 맞고 잡혔다.

제 것만 탐하는 사람을
돼지 같다고 했는데
그것이 아니었다.
죽은 돼지 곁을
끝까지 지키는 돼지

가슴 울리는
텔레비전 뉴스 한 장면

방화대교

한강 하류
마곡과 행주산성을 잇는
방화대교

권율 장군
왜적을 향한
팽팽한 활시위

밤이 되면
불빛 무지개
물비늘 굽이치고

앉은 듯 날아오르는
날갯짓으로
공항 드나드는 길목

동풍에 실은
흰옷의 향기
온 세상 전하는 활시위

동지팥죽

해마다 찾아오는
동짓날이면
어린 시절 고향 집
어버이와 형제 생각

전날 밥상 펴놓고
오손도손 둘러앉아
종알종알
두 손바닥으로
옹심이 새알을 빚었다.

어머니께서는
가마솥에
팥죽에 새알을 넣고
불을 지폈다.

동짓날 팥죽
한 그릇씩 먹고도

이른 새벽
팥죽이 또 먹고 싶어서
장독대로 팥죽 찾아
추위도 잊은 채
살금살금 도둑고양이가 되곤 했었다.

바람의 파이터

일제강점기
최영의는
전북 김제가 낳은
우리 민족의 자랑스런 인물이었다.

일본에서
태권도 무술을 알렸다.
태권도 원조
대한의 큰 별
최 배달로
일본에 널리 알려졌다.

그는 아홉 살 때 '차-비'라는 무술 익혀
일본으로 건너갔다.
세계 140개여 가맹국 관할
1964, 국제 가라데 연맹 총재를 했고
한국의 태권도를 세계에 알렸다.

일본 땅에
민족정신에 힘을 실어주었던
한국인의 자랑
그는 죽은 뒤 훈장이 수여되었다.

누구나 언제 어디서나
일본인들에게 도전의 문을 열어두고
당당하게 싸움마다
승리했던 민족의 영웅

스포츠 정신과 민족정신을
일깨우는 밀알이었다.

붓의 힘
― 인천서예술연구전

먹물이 흘린
자유를 보았다.
땀과 섞인 어둠을
붓끝에 찍어
흘려놓은
글씨

한 점에서 시작하여
우주를 담아낸
붓의 힘

정지된
어둠의 침묵은
밤의 앙금으로 굳었다.

은행잎 떨어지는 날

십이월 일산에서
퇴근하는 길
은행잎이 바람에 흩날렸다.

노랑나비들이
흩날리는 거리에는
보고픈 얼굴들이
파노라마처럼 펼쳐지고 있었다.

은행잎 떨어진
거리를 무작정 따라갔다.
은행잎 수북히 쌓인
빈 의자에 앉았다.

어렵게 붙든 직장
새 운동화 풀어진 끈을
다시 조여 맸다.

소돔과 고모라

성경에 의하면
죄악이 창궐하여
눈 씻고 봐도
도시엔 의인이 없었다.

죄악이 팽배한
소돔과 고모라
의인 내기에
롯이 패배했다는 사실을
더 이상 물을 것이 없었다.

하늘이 양보로
결산해봐도
의인 열 사람이 안 돼
유황불 비 오듯
도시를 불살랐다.

죄악의 대가인
최후 심판의 설계도
소금기둥이 되어버린
롯의 처는
불순종의 이정표였다.

지금도
소돔과 고모라의 이야기는
도처에서 벌어지고 있다.

아버지의 바다

아버지는
이른 새벽
가족들의 짐을 혼자 지고
일터로 나가셨다.

비가 오나 눈이 오나
한결같이
하루 종일 일하시고는
저녁 무렵이면
소금기 절인 땀 냄새를 풍기며
집으로 돌아오시곤 하셨다.

아버지는
가족의 바다에 배를 띄운
어부였다.

바다를 향해 부릅뜬
쪽빛 눈동자
넓은 품에서는 항상
파도 출렁거렸다.

긴 장마 끝
폭풍우가 몰아칠 때면
말 없는 바다 만을
지켜보셨다.

울진 바닷가 소나무

울진에 가면
소나무들이
바다를 바라보고 있었다.

아침마다
해를 떠받들어 올리는
촛대바위

몇해 전
울진 여행길
절경 사이
바닷가를 따라
펼쳐진 도로를 달리며
해풍을 맘껏 들이켰던 적이 있었다.

기암절벽 위에
바다를 바라보면
바닷가 소나무처럼
넓은 바다를 끌어와 가슴 속에
가두어 두었다.

지금도
그때 보던 동해
아침 햇살
솔잎처럼
내 가슴을 콕콕
찔러대곤 한다.

연꽃봉오리 빵

동짓달 진주 남강
유등축제를 간 적이 있었다.
먹거리 잔치마당에
연꽃봉오리 빵을 팔고 있었다.

고성 앞바다
백악기 공룡알 발자국처럼
석류 알 고물을 넣은
연꽃봉오리 빵

유등도 식후경
어린 시절
배고픔을 달래주었던 붕어빵 같은
연꽃봉오리 빵을 샀다.

와삭와삭 씹히는 맛
밀가루 구워낸 빵 냄새

신축년 코로나 변이 바이러스
유등축제를 짧게 잘라냈다.

길거리에서
붕어빵 좌판을 볼 때마다
유등축제 연꽃봉오리 빵이
가슴속에서 동동 유등을 켠다.

요양원

요양원에
아내를 맡겨두고 돌아서서는 길
발걸음이 떨어지지 않았다.

아내는 일흔 고갯마루에서
숨을 헐떡거리고 있다.

뇌경색으로 쓰러진 지 열두 해
이제는
홀로 누워 손짓도 못하고
말도 못 한다.

아내의 힘없는 눈망울에
노을빛이 사그라들고 있었다.

나도 몰래
눈시울이 뜨거워졌다.

통학 길

시오릿길 신작로
날마다 오가며
중학교를 통학했다.

허기진 배 움켜쥐고
별을 쫓아갔다.

언젠가 별빛을
가슴에 담뿍
껴안을 날만을 기다리면서

책을 펼치며 오갔던
내 고향 김해 통학 길

길은 아스팔트로 포장되고
차들이 오갔다.

별은 여전히 그 자리 그대로
별빛을 쏟아내고 있었다.

차마고도

kbs 특집 드라마
차마고도를 시청했다.

히말라야
쌓인 눈 속 길을
걸어가는 사람들
그들은 말이 없었다.

깎아지른 절벽 틈새
험한 산길
그들은 그 길을 통해
세상과 소통하고 있었다.

자연에 순응하며
살아가는 사람들을 보고
나 자신이 너무 부끄러왔다.

4부

천전리 암각화

반구대 암각화
영남 알프스
어머니의 가르침
여름 피서법
예순다섯 생일에
강동 화암 주상절리
매미 소리
유월의 장미
을왕리 해변
방어회
제로 게임
지구의 두 얼굴
천전리 암각화
태화강변 갈대숲
호스피스 병동
청계천에 부는 바람
태화강 왕대나무숲
송이네 수라상
강화 들녘

반구대 암각화

울산 남구 대곡리
계곡 바위벽에
수천 년 동안 잠든 그림
바위에 새겨진
거북이, 고래, 호랑이, 사슴,
저마다 기지개를 켜고 일어나는 것 같았다.

어림잡아 칠천 년 전의 흔적이
바위에 새겨져 있었다.
신석기 시대 역사가
바위에 굳어져 있었다.

수천의 역사가
바위 위에 암각화로 남듯이
내가 쓴 시가
그렇게 오래오래 남을 수 있다면
얼마나 좋겠는가?

영남 알프스

신축년 12월
영남 알프스를 갔다.

겨울비가 내리는 산길을
케이블카를 타고 올랐다.
영남 알프스가
한눈에 들어왔다.

겨울비를 맞는
능선의 산과 나무들이
안개구름에 갇힌 풍경을
휴대폰에 담았다.

해마다 북적대는
울산의 명소를 오가는
케이블카를 두 사람이 차지했다.

겨울비가
VIP 손님으로
영남 알프스 관광을 도와주었다.

어머니의 가르침

목마른 자식들에게
어머니는
물그릇을 내미시곤 했다.

어머니는 항상
식구들을 알뜰하게 보살펴주셨다.

형제간 싸우지 말고
다정하게 살아라.
항상 낮은 자세로
바르게 살아가라.

어머니는 말없이
행동으로 가르치셨다.

그 가르침 새기며
살아왔으나 아직도
어머니의 실천에 못 미친다.

여름 피서법

신축년 여름은 더 찜통이다.
코로나-19 바이러스도
더 번지고 있다.

밖은 뜨거운 햇볕
후끈한 열기
가득한 찜질방

온종일 방안에 틀어박혀
에어컨 바람으로
여름을 피했다.

여름 해수욕장 계곡으로
피서 가는 풍속도를

코로나 바이러스가
방안 에어컨 피서로
바꿔놓았다.

예순다섯 생일에

2015 사월 아내 생일
미역국이라도 끓여 볼까?

뇌경색 아내 투병 중
딸이 생일상을 차렸다.
가족들 모두
다시 건강을 되찾기를
간절하게 바랬다.

두 해 입원 치료 후
한해를 자택 치료
노인건강 복지센터에 오가며
투병 중에 맞는 아내의 생일이다.

운동의 기대치는
한갓 희망일 뿐
몸이야 불편해도
티 없이
해맑은 표정에 희망을 걸었다.

강동 화암 주상절리

옛날 자기가 근무하는 직장에
일자리 마련해 준 친구와
강동 화암 주상절리를 찾아갔다.

수평선 깔고 누운 배 한 척
어디선가 들려오는
타악기 연주

켜켜이 다듬고 쌓은
자연의 걸작을 친구와
주상절리를 함께 감상했다.

시간을 둥글게 휘어잡고
부챗살에 하나로 펼치는
융합과 분열의 퇴적 해법을 찾으며

사랑과 미움을 나열하고
미움을 없애는 해법을 찾아
가볍게 출렁다리를 건넜다.

매미 소리

낙동강 기슭 고향 집
강 건너 원두막

외딴집 큰댁 농가
옹골진 한 가정
또래 나이 조카 친구들

농삿길 가운데로
키 큰 미루나무 줄줄이
머리 숙여 바람길 열고

큰댁 탱자나무 울타리
노란 불 접근 주의
들녘을 홀로 지키고 있었다.

난데없는
매미 합창
스르르 찾아온 낮잠에 **빠졌다.**

어디선가 음-매
송아지 울음소리에
낮달이 얼굴 내미는

미루나무 우듬지
어제가 바람에 흔들거리고 있었다.

유월의 장미

이웃집 할머니
유월을 내뱉는다
남편 잃고
가슴에
홀로 핀 장미꽃

칼바람 스쳐
웃음 잃은 빈 가슴
새봄맞이로
붉게 피었다.

을왕리 해변

인천국제공항에서
자기부상열차를 타고
해변을 달린다

용유역에 내리면 바다가 마중
차례로 손 내미는
마시안, 용유, 을왕리 해변

영종도 공항에는
세계 여러 나라로 오가는
비행기 오르내리는 소리 요란하다.

을왕리 해변에 다다르면
비행기에 실려 온
노을이 여행객을 반겨 맞이한다.

방어회

신축년 12월
울산 재래시장 횟집
방어회를 먹었다.

텔레비전에서
겨울 맛 자랑
방어회를 먹는 모습을 보고
언제 한번 먹어보리라 했는데,

친구가 내 마음을 들여다본 듯이
방어회를 시켜주었다.

푸짐한 방어회를
실컷 먹었다.

방어회 먹고
코로나 바이러스
방어 우정

제로 게임

누구나 동그란 얼굴
자신의 얼굴
숫자 0의 형상으로 살아간다.

0에 뿔角
하나 솟구치면 육肉이다.

육신肉身에
화火를 불러 뿔角나고 열熱난다.

기껏 영影 그림자
영影에서 영(0)을 붙여보자.

팔자八字가 바뀌든지
늘리면 하늘 사랑이 된다.

지구의 두 얼굴

빈손으로
태어났지만

지구촌은
먹을 것이 넘쳐
살이 찌고 병든 사람들

먹을 것이 없어
굶어 죽는 사람들이 있다.

지구는 둥글지만
지구의 얼굴은
두 얼굴이다.

천전리 암각화

울주군 두동면 천전리
기울어진 바위벽
희미한 그림들

신라 화랑의 글씨가
남아서 눈길을 끈다.

선사시대에도
자신이 살고 간 흔적을
남기려는 사람들이 있었다.

김해 낙동강변에서 태어나
시인으로 살다간다고

밤마다
원고지에다
천전리 암각화를 그리고 있다.

태화강변 갈대숲

속조차 비우고 산다.
너에게 줄 게 아무 것도 없구나.
바람이 지날 때마다
서걱대는 소리뿐

눅눅한 습지에
뿌리 내리고
태화강
강바람
온몸으로 맞이하며 살고 있다.

백로 한 마리 찾아와
외발로 서서
갈대숲 혼잣말에
귀 기울이고 있었다.

호스피스 병동

어제는
신랑 각시 맞절
이어 감사기도 ……

오늘은 칠순 고개
황혼의 병석을 지킨다.

내일로 가는 길
백년가약 열차
종착역이 가까이 다가오는데

부부의 침실은
호스피스 병동
병상과 간호석이다.

청계천에 부는 바람
- 19대 총선 행사장에서

봄기운 외면하는 설한풍 휘감는
19대 국민총선 캠페인 행사장
열창하는 음악가의 웅장한 기상이
거친 바람을 갈라 영혼을 깨우며
서막을 연다.
그렇게도 거친 바람에
짓 눈 개비 흩날리고
햇살조차 잠시 마실 왔다 가버린 광장
청계천엔 관객 대신 매서운 광풍
식순 따라 행사야 진행되지만
끈질긴 바람과 호된 추위에
연사의 할 말조차 막으며
몸통 먹히고 꼬리 잘려 나가고
내용은 생략 유인물로 대신하건만
유인물 받은 민중 몇 사람이 될까?
군중 앞에 열광하고 싶은
엄청난 메시지도 공감할 군중도
아직 남겨진 광란의 바람은
국민의 근간을 괴롭히는 표상인양
총선의 교훈, 가슴 깊이 새기며 -

The wind in the Cheonggyecheon
− 19th general election

Greatest wearing style seolhan turns
19th general election campaign for public officials, Open the window to the musician's magnificent weather.
Rough wind to awaken the soul apart and Open the stop in. So rough in the wind. I did the eyes of non-flying. Sunshine has been gone for a while and drink even square.
Cheonggyecheon Yen audience instead of biting optical POON. Although the expression's net along. Persistent winds and the Cold Lake. Speakers of what I say. The tail is cut off, or eaten by the torso and Guinea. Information to be omitted, and only instead of a handout. Few people would be received by the populace on handouts. Want to wow a crowd in front of the Even the crowd a huge share messages Yet frantic breeze is left.
The foundation of the annoying table merchant match. The lessons of the elections, and burn the chest

태화강 왕대나무숲

태화강 바람길
강변 모래밭
왕대나무숲

살아가면서 내 집 마련
속마음 감추고
바람에 시달리지 않는 사람이
어디 있겠느냐?
그렇게 부대끼며 살아가는 것이
우리들인 것을

너무 내 집 마련에
집착하지 말아라.
다 부질없느니
찾아온 새들에게도
언제나 잠자리를 내어주었다.

해마다 봄이 되면
죽순 돋아
새들의 잠자리를 마련해주려고
임대아파트를 지었다.

태화강 왕대밭
국민임대주택
바람이 입주하고 있었다.

송이네 수라상

경주 산내면
송이네 식당이 개업했다.

울산 사과 농사꾼과
개업 식당 점심 식사를 갔다.

친구가 개업 선물로
즉석 시 한 편 졸라
낭송했다.

깊은 산
소나무 아래 송이
솔향을 먹고 자랐습니다.

오늘 맞는 우리들의 식탁에서
감칠맛 송이송이
활짝 피어납니다.

찾는 사람이 넘쳐
웃음꽃 송이
넘치는 나날이 되길 바랍니다.

송이 수라상
다시 찾아와
받고 싶습니다.

주인집 딸 이름
송이
대학생 탁구선수
송이 향기 넘치는
아가씨네 집
수라상 생각이
가끔 탁구 친다.

강화 들녘

여름
강화 들녘에는
벼들이 시푸르렀다.

농부 대신
왜가리가
볏논을 지키고 있었다.

벼포기마다
벼꽃들이
실웃음을 짓고 있었다.

시 해설

가슴에 새긴 암각화

가슴에 새긴 암각화
- 박주곤 제2시집 『천전리 암각화』의 시세계

김 관 식
시인, 문학평론가

1. 프롤로그

박주곤 시인은 긍정적으로 세상과 화해를 모색하는 시인이다. 선한 의지로 세상을 바라보고 시를 쓰면서 서로 정을 오가는 인간관계를 맺고 살아온 사람이다. 그가 두 번째 시집 『천전리 암각화』를 펴내게 되었다.

오랫동안 그와 친분을 나누면서 그의 시적인 감각보다는 인간적인 온정을 느낄 수 있었다. 너무 주관적인 자기 세계에 치우쳐 관념적인 진술로 시상을 전개하는 시를 쓰고 있지만 그가 그럴 수밖에 없는 이유는 그의 인생사의 족적이 결코 순탄하지 않고 갖은 역경을 겪어온 결과라고 할 수 있을 것이다.

그의 두 번째 시집의 『천전리 암각화』의 시 세계를 그의 인간적인 삶과 결부하여 살펴보기로 한다.

2. 가슴에 새긴 암각화

"부모가 죽으면 땅에 묻고 자식이 죽으면 가슴에 묻는다"라는 말이 있다. 이 말은 오늘의 한국문학 현실로 비유한다면, "문학이 죽으면 인쇄소에 묻고, 시가 죽으면 가슴에 묻고 낭송한다."로 풍자해 볼 수 있을 것이다. 문학은 모든 예술의 초석이며, 당대 정신문화의 총체성을 반영하는 인문학의 선두주자임은 부인할 수 없을 것이다. 그러함에도 오늘날의 현실은 물질문화의 가치가 우선시 되고 문학의 가치가 도외시되고, 정신적인 사치로 치부될 개연성이 실제로 현실화되고 있는 상황이다.

우리나라는 도시화와 산업화로 인해 짧은 기간에 급격한 산업 발전을 이루었고, 경제적인 부를 축적했다. 그래서 최근에는 선진국을 표방하고 나서고 있지만, 기실 정신문화는 그에 미치지 못해 후진성을 면치 못한 낙후된 작태가 도처에서 빈번하게 벌어지고 있다. 이는 급격한 경제성장으로 경제적으로 부강한 나라가 되어 선진국의 위치에 도달했지만, 그에 미치지 못한 미성숙한 정신문화는 졸부의 작태를 보이고 있는 것이다. 이러한 이상기류의 상황에서도 한류열풍이 일어나 드라마나 영화산업과 케이팝이 세계의 문화를 휩쓸고 있는 것은 우리 민족의 축적된 문학의 에너지가 아닐 수 없다.

문화산업은 굴뚝 없는 산업이라고 한다. 따라서 문화산업의 초석은 문학이다. 그런데 한국의 상황은 포스트 코로나 시대 트로트 대중문화가 국민들의 정신적인 위안물로 작동하고 있고, 문학의 고유한 본질에서 벗어난 문학 향유층들의 문학인 되기 허세 열풍으로 허명 의식을 조장하는 각종 인쇄물과 문학 행사가 국민의 혈세를 낭비하고 있는 등 문학의 본래적인 가치 지향과는 동떨어진 저급한 대중적인 문학 활동으로 문학의 기능마저 왜곡되고 있는 것이다.

문학작품을 향유한다는 것은 정신문화의 향유와 더불어 자기 수양하는 바람직한 현상이 아닐 수 없다. 그렇지만 문학작품을 향유한다는 명분을 내걸고 우후죽순처럼 생겨난 수많은 문예잡지사들이 영리를 목적으로 남발하는 문학인 딱지 남발 열풍에 휩쓸려 문학작품 향유자가 문학인 흉내를 모방하여 국민의 혈세를 지원받아 문학의 기본적인 표현 기능도 익히지 않는 그야말로 조잡한 작품을 대중들에게 내미는 행위는 대중들에게 불쾌감을 조장하고, 허례허식의 거짓된 허명 의식으로 귀중한 삶을 허비할 수 있다는 점에서 경계해야 할 일일 것이다.

천전리 암각화는 우리에게 잘 알려지지 않는 암각화지만 이미 널리 알려진 반구대 암각화가 선사시대의 것으로 추정되는 한편 천전리 암각화는 우리나라 역사시대의 유물이라는 점에서 국보로 지정된 암각화다.

박주곤 시인은 최근에 울산을 여행하면서 그의 친구의 안내로 천전리 암각화를 관람하고 시상을 펼쳤다.

시인이 시를 쓰는 행위는 선사시대 암각화를 그리는 유사한 행위라고 비유할 수 있을 것이다. 자기가 살아온 자취를 누군가에게 알리고 싶은 욕망은 누구나 가지고 있기 때

문에, 원시시대부터 현재까지 사람들은 죽으면 자신의 후손들이 무덤에 비석을 세우는가 하면, 예술인은 예술작품을 남기기 위해 심혈을 기울이는 것이다. 그러기 위해 재물을 모으기 위해 자신의 재능을 쏟아붓는다. 그러나 모든 인간들의 행위들이 부질없다는 것은 성경 말씀에서 전한다. 전도서 1장에서 8장을 보면 "모든 것이 헛되고 헛되도다"라는 해답이 있다. 그러면서도 우리들은 당대에 살아있는 생존의 행위로 일기를 쓰고, 문학작품을 창작하여 출판하여 가까운 이웃들과 공유하는 것이다.

울주군 두동면 천전리
기울어진 바위벽
희미한 그림들

신라 화랑의 글씨가
남아서 눈길을 끈다.

선사시대에도
내가 살고 간 흔적을
남기려는 사람들이 있었다.

김해 낙동강변에서 태어나
시인으로 살다 간다고

밤마다

원고지에다

천전리 암각화를 그리고 있다.

– 「천전리 암각화」 전문

　박주곤 시인은 그가 살아온 족적들을 시라는 언어예술로 암각화를 그리고 있는 것이다. 그는 뇌경색으로 쓰러진 아내의 병석을 열두 해 보내고 최근에 아내를 하늘나라에 보낸 그야말로 사랑을 몸소 실천해왔던 시인이다. 그는 김해 낙동강 강변 마을에서 어린 시절을 보내고 상경하여 줄곧 인천에서 보금자리를 틀고 시를 쓰면서 살아왔다. 그래서 박주곤 시인의 시의 공간적 배경은 인천과 어린 시절의 김해가 등장한다. 시간적 배경 또는 현재 거주하는 인천과 과거의 김해, 아내와의 삶, 여행지의 친구와의 우정에 얽힌 사연들이 그의 시 세계를 일관하고 있다.

　그의 시집에는 몇 편의 아내의 병석을 지키며 안타까워하는 시들이 실려있다. 「아내의 거울」, 「타조 같은 아내」, 「콧줄 식사」, 「예순다섯 생일에」, 「요양원」, 「호스피스 병동」 등의 작품이다. 그리고 친구와의 우정을 나누면서 여러 곳을 여행한 시들로는 「봉화산」, 「강릉 소나무 숲」, 「연꽃봉오리 방」, 「반구대 암각화」, 「영남 알프스」, 「강동 화암 주상절리」, 「방어 회」, 「울진 바닷가 소나무」, 「천전리 암각화」, 「태화강변 갈대숲」, 「태화강 왕대나무숲」, 「송이네 수라상」 등이다.

　개인의 취미활동으로 서예학원에서 붓글씨를 꾸준히 연

습하는데. 붓글씨와 관련된 시편으로 「붓의 힘-인천서예 술연구전」이 있으며, 그가 지병을 치료하는 경험을 소재로 한 「심혈관 조영 시술」의 시가 있고, 대부분 어린 시절 고향 김해를 배경으로 한 가족사적인 사향의식思鄉意識의 시편들이다.

그의 과거지향의 가족사적인 사향의식으로 자신의 정체성을 찾아가는 시편들로는 「감꽃」, 「고향 소나무 아래」, 「까치소리」, 「물총새」, 「화롯불」, 「살구꽃 필 때」, 「한가위 고향 생각」, 「황소고집」, 「아버지께」, 「어머니의 강」, 「동지 팥죽」, 「아버지의 바다」, 「통학 길」, 「어머니의 가르침」, 「매미 소리」 등이다.

현재의 인천 생활과 자신의 평소 좌우명을 자신의 존재에 대한 성찰 의식을 보이는 시편으로는 「갈참나무 숲길」, 「겨울 개미」, 「계양산 둘레길」, 「낙엽을 쓸어 담으며」, 「너는 누구냐?」, 「목련꽃」, 「버찌」, 「봄 오는 계양산」, 「식품 광고」, 「쇠똥구리 떼」, 「쑥부쟁이」, 「가시연꽃」, 「봄가을 초대장」, 「산비둘기」, 「선인장꽃」, 「휴대폰」, 「한강 여명」, 「고춧가루」, 「나방파리」, 「철쭉꽃」, 「대리석 바닥」, 「멧돼지」, 「차마고도」, 「을왕리 해변」, 「제로 게임」, 「지구의 두 얼굴」 등이다.

신축년 열우물 역 부근
아파트 공사장에서 쇠똥구리 떼를 보았다.

십정동 도축장

쇠망치 맞고 쓰러지며
싸놓은 쇠똥
가재울역 부근 쇠똥하치장

쇠똥구리들이
쇠똥에 달라붙어
경단을 구르고 있었다.

인천 2호선 위에 자벌레가 꿈틀꿈틀
쇠똥구리 경단의 크기를
잣대로 재고 있었다.

쇠똥 경단을 몇 개나 쌓았는지
산도, 하늘도 가렸다.

쇠똥 울타리
병풍 치고 있었다.

쇠똥을 다 굴리고 나면
쇠똥 속에서 애벌레 꿈틀꿈틀
변태를 거듭할 것이다.

- 「쇠똥구리 떼」 전문

이 시는 전경화 기법과 병치 기법을 적용한 시이다. 쇠똥구리가 쇠똥을 굴리는 상황을 전경화로 배치한 시이다. 그것은 박주곤 시인이 붓글씨를 쓰기 위해 자주 가정동에서 십정동, 동암역 부근을 오가면서 본 풍경을 쇠똥구리가 쇠똥을 굴려 경단을 만들고 그 속에 알을 부화하는 장면으로 상상하여 오버 랩 시켜놓은 것이다. 그의 상상력은 십정동 부근의 가축 도살장을 전경화로 배치하여 도축을 위해 도살장으로 실려 온 소들이 마지막 죽음을 앞두고 똥을 싸서 쌓아놓은 퇴비장의 상황을 상상해 전경화로 배치해놓고 있다. 이 퇴비장에서 쇠똥구리가 쇠똥을 굴리는 배경을 전경화했다고 할 수 있다. 그리고 인천 2호선의 전동차를 자벌레로 환치하여 쇠똥 경단의 크기를 재고 있다고 비유하고 있다.

가족사적인 아픔을 자서전적으로 진술한 「어머니의 강」은 노년기의 치매에 걸려 집으로 돌아 못해 행방불명이 된 어머니에 대한 가족사 진술이다.

맏딸 하나, 팔 형제
아홉 남매 보살피신 어머니
아버지 먼저 보내드리고
안개 낀
치매 강을 건너가셨다.

어머님 떠올리는
유행가 가락 흘러나올 때
어머니 생각에 눈물 흘렸다.

집을 나가
돌아오시지 못한 채
홀로 길 떠나시던 날까지

강마을에서 농사일
개미처럼
평생을 일하셨다.
집을 나가 돌아오시지 못하시고
혼자 갈 길 떠나셨다

대가족 집안일
농사일까지
억척스럽게 일하셨다.

낙동강이 나룻배를
기억하듯이
어머니의 강도
가족들을 나룻배에 태우시고
말없이 굽이쳐 흘러갔다.

눈물 젖은 치맛자락
펄럭거리며
어머니는 강물처럼 흘러가셨다.

- 「어머니의 강」 전문

노년기에 치매에 걸려 집을 나간 노인들이 집을 찾지 못하고 죽음을 맞이한 경우가 더러 있다. 길거리에 집을 나간 부모를 찾는 플래카드나 전봇대에 붙인 광고지, 사람이 많이 지나가는 길거리에서 전단지를 돌리는 사람들이 더러 눈에 띈다. 그러나 최근 들어서는 부모를 찾는 광고지나 전단지보다는 애완견을 찾는 전단지가 더 많이 붙어있는 것을 볼 수 있다. 종종 부모를 버리고 찾지 않고 내버려 두는 불효자들도 많은 비인간적인 상황이 빈번하게 펼쳐지는 시대이다.

그런데 치매에 걸려 집을 나가 애타게 찾아 헤맸으나 끝내 찾지 못한 가족의 슬픔은 이루 말할 수 없을 것이다. 박주곤 시인의 억척스럽게 자식들의 뒷바라지하시다가 말년에 치매로 집을 나가 찾지 못한 어머니를 둔 시인이다. 그 고통을 어머니를 생각하여 불효자인 자신을 뒤돌아보고 솔직한 심정을 시로 진술했다. 대부분 자신의 가족사의 비밀은 숨기기 마련이다. 그러나 숨김없이 가족사의 아픔을 시로 진술한다는 것은 진실을 추구하는 참 시인이 아니고서는 감히 할 수 없는 일일 것이다.

그는 시를 통해 자신이 살아왔던 개인사적인 아픔들을 가슴에 새기는 시를 쓴다. 마치 바로 천전리 암각화에 글씨를 새겨놓았던 신라 시대의 화랑들처럼 자신의 아픔을 누군가에게 전하고 싶어 시로 암각화를 새기고 있는 것이다.

3. 에필로그

　박주곤 시인의 두 번째 시집 『천전리 암각화』는 박주곤 시인의 개인사적인 고뇌와 아픔을 진술한 자서전적인 시집이다. 숨김없이 자신을 드러내 보여줌으로써 진실을 외면하는 오늘의 현실에서 시는 진실해야 한다는 강한 메시지를 전하고 있다.
　자신을 돋보이기 위해 시집을 발간하거나 자신의 이름을 남기기 위해 호랑이 가죽 같은 호화판의 시집을 발간하고 화려한 출판기념회를 여는 등 자기 존재를 과시하는 문학 향유자들이 많은 현실에서 박주곤 시인은 명리적인 가치를 지양하고 지극히 낮은 자세를 취하고 있다. 마치 엎드려 하나님 앞에 자신의 죄를 뉘우치고 기도하는 사람처럼 경건한 자세로 자신의 존재를 성찰하면서 겸허하게 암벽에 암각화를 새기듯이 날마다 시를 쓰고 있다.
　최근에 아내를 떠나보내고, 자신 또한 병마까지 겹쳤다. 그러면서도 혼자 겸허하게 참회하는 자세로 날마다 시를 암각화로 새기는 작업을 이어가고 있다. 아무튼 그가 시로 새긴 암각화가 세상에 널리 알려져 국보가 되기를 기원할 뿐이다.